ROSHEN DALAL
PhD em História Antiga

A compacta HISTÓRIA do MUNDO

VOLUME

- AS GRANDES CIVILIZAÇÕES DA HISTÓRIA ANTIGA
- EGÍPCIOS • GREGOS • ROMANOS

Grupo Editorial
UNIVERSO DOS LIVROS

Nota do editor: Todos os esforços necessários foram feitos para assegurar a exatidão das informações presentes neste livro. O editor não irá assumir responsabilidade por danos causados por incoerências nos dados e não faz nenhuma garantia expressa ou implicitamente.

Todos os esforços foram feitos para dar créditos às imagens e contactar os detentores de seus direitos para uso do material ilustrativo e, portanto, o editor gostaria de se desculpar por quaisquer erros e omissões e apreciaria retificá-los em reimpressões futuras.

Diretor editorial: Luis Matos
Editora-chefe: Marcia Batista
Assistentes editoriais: Aline Graça e Letícia Nakamura
Tradução: Maurício Tamboni
Preparação: Sandra Scapin
Revisão: Geisa Oliveira, Nestor Turano e Cely Couto
Arte: Aline Maria
Capa e projeto gráfico: Valdinei Gomes

Dados Internacionais de Catalogação na Publicação (CIP)
Angélica Ilacqua CRB-8/7057

D138c
Dalal, Roshen
A compacta história do mundo : volume 1 / Roshen Dalal ; tradução de Maurício Tamboni . -- São Paulo : Universo dos Livros, 2017.
32 p. : il.

ISBN: 978-85-503-0164-8
Título original: The compact timeline history of the world

1. História universal I. Título II. Tamboni, Maurício

17-1245 CDD 909

Universo dos Livros Editora Ltda.
Rua do Bosque, 1589 • 6º andar • Bloco 2 • Conj. 603/606
Barra Funda • CEP 01136-001 • São Paulo • SP
Telefone/Fax: (11) 3392-3336 • www.universodoslivros.com.br
• e-mail: editor@universodoslivros.com.br • Siga-nos no Twitter: @univdoslivros

SUMÁRIO

Os editores gostariam de agradecer pelas imagens usadas neste livro:

Bookbuilder 22 Alexander, The empire of Alexander; 25 Buddha; 28 The Roman Empire; 32 Nalanda; 38 the Caliphate; 52 the Mongol Empire; 71 Guru Nanak, Taj Mahal; 82 Revolt Memorial; 87 Africa; 93 World War I; 103 Israel. BookBuilder/Prithvi Narayan Chaudhari 13 Brick structure. Bookcraft Ltd maps s 122–23, 126, 128, 130, 132, 134, 136, 138, 140, 142, 144, 146, 152, 160, 162, 166, 168, 172, 174, 176, 178, 180, 182, 186, 188, 190, 193, 194, 196, 198, 202, 204, 206, 208, 210, 214, 216, 224, 216, 228, 230, 232, 238, 242, 246, 250, 252, 254, 256, 258, 268. Cyber Media Services 89 Simon Bolivar; 95 Second Soviet Congress; 9 Joseph Stalin; 105 Nelson Mandela; 107 Mikhail Gorbachev. Dreamstime 8 handax © Diego Barucco; 9 cave © Edurivero; 19 Romulus © Rafael Laguillo; 19 Troy © Maxfx; 23 pyramids © Uros Ravbar; 29 Roman forum © Richard Mcguirk; 33 Nazca lines © Jarnogz; s 42, 131 al Azhar © Aleksandrov Valentin Mihaylovich; 53 Qutb Minar © Ajay Bhaskar; 55 Alhambra © Jan Vanmiddelem; 72 Delft pot © Palabra; 77 Fasilades' palace © Dmitry Kuznetsov; 108 United Nations building © Svlumagraphica; 130 Nile boat © Hatanga; 149 Yukon © Falk66; 149 totem pole © Xavier Gonzalez. Flickr CC 133 Nile river boat, S J Pinkney; 164 coral, Mike Baird; 178 Bolivian women, Adam Jones; 197 Hajj, H Hanin; 203 Heian, Nicholas Jewell; 228 Little Mermaid Chris Brown; 219 volcano, Hrönn Traustadóttir; 232 skiing, Philip Larson; 235 Louvre, Simon Pearson; 238 Rhine, Mark Simon; 239 Berlin Wall, Hunter-Desportes; 240 Brandenburg Gate, Christian Cable; 241 Munich Beer Festival 46137. iStock 11 Jomon © Sean Barley; 66 Sankore mosque © David Kerkhoff; 106 Berlin Wall © Henk Badenhorst; 117 typing © Dmitriy Shironosov. Library of Congress 88 Ghost Dance; 110 Harry Truman. lithuaniatourism.co.uk 240 stilt walkers. Margaret Thatcher Foundation 111 Margaret Thatcher. NASA 118 Bering Glacier; 119 Amazon rain forest. nobelprize.org 131 Mahfouz. Adrian Pingston 115 Boeing 747. Playne Photographic 17 bracelet; 68 Christopher Columbus. Third Millennium Press/ BookBuilder 19 Olmec head; 59 Manco Capac. U.S. National Human Genome Research Institute 115 James Watson. U.S. Navy 121 parachute trainer. Wikimedia CC licensed under the Creative Commons Attribution-Share Alike license 6 ape caricature; 11 Catal Huyuk goddess; 12 Hammurabi's code; 14 Skara Brae, W Knight; 15 Knossos, Olaf Tausch; 16 coin; 18 David; 17 Rigveda; 20 battle; 21 Parthenon; 22 Terracotta Army; Mauryan coin; 23 Julius Caesar; 24 Lyceum; 26 Shapur I; 27 Han figurine; 29 Roman home; 30 Hagia Sophia; 31 bodhisattva, Vishnu; 32 Xuanzang; 33 Todaiji; 34 Charlemagne, casket; 35 Lindisfarne manuscript; 36 Quran; 39 Rabia al-Adawiyya, Pudukkottai; 40 Longboat, Thor and Hymir; 41 Vladimir I; 42 Chaco pot; 43 Monte Alban; 44 Roland; Bamburgh Castle; 45 Templar seal, Knights of Christ; 46 Kharagan; 47 samurai, Shah Namah; 48 battle; 50 Kincaid site, Heironymous Rowe; 51 Lalibela church, Armin Hamm; 54 Magna Carta, Dante; 55 plague; 56 Easter Island; 57 longbow, Edward III; 58 Mansa Musa, lamp, Chimu mantle; 60 Akbarnama; 61 mosque; 62 Castillon, Joan of Arc; 63 Elizabeth I; 64 Martin Luther, Vasco da Gama, Kremlin; 65 Marriage of the Virgin, Creation of Adam, Kepler, Copernicus; 67 Great Zimbabwe; 69 Machu Picchu, Allard Schmidt; 70 Kangxi emperor; 72 Oliver Cromwell; 73 Ferdinand II, Peter the Great; 74 Louis 14, Bastille; 75 Mozart, Newton, Rousseau, Frederick II; 76 Yoruba king; 78 Boston Tea Party; 79 George Washington; 80 Crystal Palace, Marx, Manchester; 81 Davy lamp, Edison, Bell; 82 Dost Mohammad Khan; 83 junks, Hokusai painting; 84 Napoleon; Austerlitz; 85 Monet painting, poster, Bismarck; 89 Canadian Pacific; gerfalcons; 90 cartoon, Bohr, Einstein, Freud; 91 Franz Ferdinand, Roosevelt; 92 Gris painting; 93 trenches; 94 Nijinsky; 96 FDR; 97 Hitler/Mussolini, Bauhaus, Chrysler building; 98 Traction; 99 Battleship Potemkin; 100 Poland, Yalta meeting; 101 shipping, Ebensee concentration camp, Nagasaki bomb; 102 Gandhi/Nehru, 103 Viet Cong base; 104 Mugabe; 105 Apartheid sign, de_Klerk; 109 EU flag; 110 Marin Luther King, war protesters; 113 Mumbai, Luxembourg; 116 9/11 attacks; 118 Aral Sea; 119 coal mine, Peter Van den Bossche; 120 Monument, emijrp; 121 TGV; 126 gorillas; 127 Yoruba priest; 135 Lions; 135 Amin; 137 Léopold Sédar Senghor; 137 Senegal River; 140 Mobutu; 141 pygmy family; 141 Mount Cameroon; 143 Nelson Mandela; 147 Seattle; 147 Polar bear; 151 The Toll Gate; 152 Great Seal of the USA; 153 Hollywood sign; 154 Gold spike; 154 Chief Sitting Bull; 154 Abraham Lincoln; 155 White House; 156 Statue of Liberty; 156 Rosa Parks; 157 John F Kennedy; 159 Marilyn Monroe and Jane Russell; 159 Big Mac; 160 Aztec vessel; 149 Edward Said; 161 Pancho Villa; 166 Reina; 173 Che Guevara; 175 Palmentuin; 175 Hugo Chavez; 176 Allende; 177 Galapagos; 177 Andes Rope Bridge; 179 Chaco Rally; 180 Rio de Janeiro; 181 Carniva; 181 Pelé; 183 Jorge Luis Borges; 183 Juan Peron; 183 Eva Peron; 183 Colon Theatre; 186 Buddha statue; 187 Giant panda; 188 Modern Almaty; 191 Georgian horsemen; 191 Khomeini; 192 Saddam Hussein; 192 King Hussein, 1997; 193 Grand Mosque of Damascus.tif; 195 Israeli-West Bank barrier; 199 Forbidden City; 199 Cixi; 200 Great Wall of China; 200 Dalai Lama; 201 Mao; 201 Little Red Book; 202 Akihito; 203 Kabuki dancer; 204 Gobi Desert; 205 Seoul mrket; 206 Ho Chi Minh; 217 Thai dancers; 208 Brunei; 208 Aceh; 209 Ferdinand and Imelda Marcos; 211 Bollywood dancers; 212 Muhammad Ali Jinnah; 212 Sheikh Mujib signing; 212 Mujibur Rahman; 213 living goddess; 213 Maldives; 214 Suleiman the Magnificent; 215 Topkapi Palace; 215 Mustafa Kemal Atatürk; 217 Catherine the Great; 217 Ivan the Terrible; 217 St Petersburg; 218 Lenin's tomb; 218 Stalin; 219 Sputnik 1 with Laika; 219 Alexander Solzhenytsyn; 219 Leon Trotsky; 220 Battle of Stalingrad; 220 pipeline; 221 St Basil's Cathedral; 225 Mona Lisa; 225 European Parliament Building; 226 fjord; 227 glass; 227 Alfred Nobel; 227 Oresund Bridge; 229 Leif Ericson; 230 Atomium, Brussels; 230 Ghent; 231 International Court of Justice, The Hague; 231 Anne Frank; 232 Notre Dame Cathedral; 232 Giselbert; 233 Geneva; 235 Marianne; 224 Charles de Gaulle; 236 Eiffel Tower; 236 Cannes; 237 Champagne vineyard; 237 Versailles; 239 Hitler; 239 Beethoven; 242 Valcamonica; 243 Sistine Chapel; 244 Venice; 245 Leonardo da Vinci; 247 Antonio de Oliveira Salazar; 247 Algarve; 248 Pablo Picasso; 248 Sagrada Familia; 240 Lech Walesa; 241 Bratislava Castle museum; 241 Charles Bridge; 251 Alexander Dubcek; 252 Lake Voistre; 253 Kiev; 252 Belogradchik rocks; 253 Acropolis; 255 Bran Castle; 257 Sarajevo siege; 258 Spanish Riding School; 258 Mozart; 259 Imre Nagy; 259 Budapest; 261 William the Conqueror; 261 Churchill; 262 William Shakespeare; 262 Tower of London; 263 Caernarfon Castle; 264 Eilean Donan Castle; 265 Giant's Causeway; 265 Temple Bar; 269 Ayers Rock; 271 Tongan dancers; 271 Papua New Guinea peoples; 271 Fiji. Women of Lucha Libre 161 La Princesa. Worth Press/Bookbuilder 10 Neolithic settlement; 13 Indus valley seal; 14 Osiris; 17 oracle bones; 18 Tutankhamun mask; 25 Confucius; 47 movable type; 52 Gengis Khan, Kublai Khan, Marco Polo; 83 Hong Xiuquan; 94 Sun Yat Sen.

Todos os esforços foram feitos para dar créditos às imagens e contactar os detentores de seus direitos para uso do material ilustrativo. Os editores gostariam de se desculpar por quaisquer erros e omissões e apreciariam retificá-los em edições/reimpressões futuras.

Até 40000 AEC[1]

A evolução humana aconteceu ao longo de vários milhões de anos em um cenário de mudanças do planeta, do clima e da vegetação. De acordo com os conhecimentos atuais, por volta de 7 ou 8 milhões de anos atrás ocorreu a separação entre as linhagens de humanos e seu ancestral chimpanzé, e os hominídeos, que andam sobre duas pernas, começaram a se desenvolver. Há cerca de 2,5 milhões de anos, o *Homo habilis*, o primeiro hominídeo capaz de construir ferramentas, desenvolveu-se na África e, 1 milhão de anos depois, o *Homo erectus*, mais desenvolvido, povoava diversas partes da Ásia e da Europa.

Teorias da Evolução Humana

Apesar dos diversos avanços, a teoria da seleção natural de Charles Darwin (1809 - 1892) continua na base dos estudos atuais da evolução. Em 1937, Theodosius Dobzhansky (1900 - 1975) demonstrou como novas espécies podiam surgir por meio de mutação, variabilidade genética e isolamento. Em 1981, Lynn Margulis (n. 1938) desenvolveu a teoria da endossimbiose, que indicava que organismos de diferentes linhagens poderiam se unir para criar outros novos. Stephen Jay Gould (1941 - 2002) mencionou as mudanças em genes regulatórios que afetavam o desenvolvimento, o que poderia explicar variações na evolução. Em 1972, Gould e Niles Eldredge apresentaram a teoria da evolução em episódios, e não com transformações graduais. Mutações aleatórias, estudo do DNA, similaridades genéticas, teoria da deriva genética e gargalos genéticos também foram incorporados às teorias da evolução. De modo geral, embora todos os cientistas concordem que a evolução ocorreu, refinar e explicar as teorias da evolução é um processo contínuo.

Uma caricatura de Darwin feita na década de 1870, ridicularizando a teoria da evolução.

Homo sapiens

Ancestrais dos humanos modernos, os *Homo sapiens* podem ter se originado na África e se espalhado pela Europa e pela Ásia. Outra teoria considera que uma evolução paralela teria ocorrido em várias partes do mundo. A primeira evidência do *Homo sapiens sapiens*, os humanos modernos, foi encontrada na África (Etiópia) e data de aproximadamente 190 mil anos. Por volta de 40 mil AEC, eles se espalharam por toda a Eurásia e se fizeram presentes também na Austrália.

O USO DO FOGO

O fogo foi um aspecto extremamente importante para o desenvolvimento humano. Houve três estágios iniciais: o uso do fogo natural ou acidental; o uso (controlado ou deliberado) do fogo gerado por outros focos de causa natural; a aprendizagem de como produzir fogo por vontade própria. É impossível dizer quando o fogo foi deliberadamente usado, mas ossos de animais queimados datam de 1 a 1,5 milhão de anos atrás (em cavernas em Swartkrans, Transvaal, África). Meios efetivos de fazer fogo foram provavelmente conquistados somente depois de 10 mil AEC.

---

1 De acordo com a edição original deste livro, foram utilizadas as seguintes abreviaturas para demarcar a localização de determinados eventos ao longo da história AEC: Antes da Era Comum; EC: Era Comum; MAA: Milhões de anos atrás; r.: período do reinado. (N. E.)

Neandertais

O *Homo neanderthalensis* (homem de Neandertal), também conhecido como *Homo sapiens neanderthalensis*, recebeu esse nome em homenagem ao Vale Neander,[2] na Alemanha, onde os restos mortais de um espécime foram encontrados pela primeira vez. Eles viveram na Europa e na Ásia Ocidental entre 250 mil e 28 mil anos atrás. Os neandertais tinham cérebros grandes, andavam eretos e usavam ferramentas. Evidências de raspas cutâneas do sul da Rússia datadas de aproximadamente 33 mil AEC sugerem que o *Homo neanderthalensis* usava roupas feitas de pele. Também foram encontrados túmulos de neandertais. Um deles, em Samarcanda, Uzbequistão, é a tumba de uma criança enterrada em uma coroa de chifres, possivelmente indicando alguma espécie de crença na vida após a morte. Há sinais de que eles contavam com um sistema de apoio social, pois um esqueleto de neandertal encontrado sem o braço direito – perdido muito tempo antes de sua morte – sugere que ele deve ter sobrevivido com a ajuda de outros. Embora cavernas e abrigos naturais fossem mais comuns, em algumas áreas foram construídos abrigos simples. A extinção dos neandertais ocorreu há cerca de 30 mil anos.

2 Ou Neandertal.

CAÇADORES E COLETORES

40000 – 10000 AEC

Os *Homo sapiens* espalharam-se pelo planeta, percorrendo longas distâncias ou viajando pelo mar até que grande parte do mundo como o conhecemos hoje estivesse ocupada. Os neandertais desapareceram por volta de 30 mil AEC e apenas o *Homo sapiens sapiens* ou os humanos modernos sobreviveram aos últimos – e mais frios – estágios das Eras do Gelo. Talvez 10 milhões de pessoas vivessem espalhadas por todo o mundo por volta de 20 mil AEC.

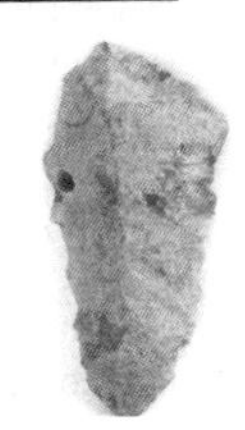

Ferramenta neolítica de pedra.

A IDADE DA PEDRA

Usado para referir-se ao período quando todas as ferramentas eram feitas de pedra, esse termo é conveniente, mas, ao mesmo tempo, controverso – afinal, uma cultura não pode ser caracterizada apenas por suas ferramentas. As datas são apenas indicativos, pois variam em diferentes áreas do mundo. Por exemplo, em regiões como a Nova Guiné, a Era Paleolítica durou três períodos históricos.

DIVISÕES DA IDADE DA PEDRA

Paleolítico
(Período da Pedra Lascada)
Baixa: 2,5 MAA – 120 mil AEC
Média: 120 mil anos atrás – 35 mil AEC
Alta: 35 mil – 8 mil AEC

Mesolítico
(Idade Nova da Pedra)
12 mil – 4 mil AEC

Neolítico
(Período da Pedra Polida)
10 mil – aprox. 2 mil AEC

Estilo de Vida

Os humanos cada vez mais começavam a construir seus próprios abrigos e a viver em lugares fixos. Embora a comida ainda incluísse itens obtidos por meio da caça e da coleta, a vida se tornava mais complexa. Evidências recentes sugerem que cereais selvagens eram processados e consumidos já em 26 mil AEC.

As ferramentas de pedra tornaram-se mais complexas. Pedras comuns, como sílex e obsidiana, e uma grande variedade de materiais (como madeira, ossos, chifres e marfim) passaram a ser utilizados. Pequenos sílex pontiagudos provavelmente eram presos a armas, como lanças, flechas e arpões. Alguns grupos enterravam ou cremavam seus mortos com reverências. Além disso, belas pinturas foram feitas em cavernas escuras.

LÍNGUA

Parte importante da evolução humana, as formas simples de linguagem devem ter se desenvolvido por volta de 1 milhão de anos atrás, embora alguns cientistas proponham que as primeiras línguas faladas tenham se desenvolvido muito mais tarde, talvez por volta de 30 mil AEC.

Arte

A arte paleolítica abrange uma variedade de formas e materiais. Nas cavernas escuras, pinturas de animais, figuras humanas e cenas de caça eram criadas com materiais naturais, talvez como uma espécie de "magia simpática", uma visualização de uma caça bem-sucedida. Outra teoria sugere ligações com o xamanismo. Como a iluminação artificial era necessária nas cavernas, alguma espécie de tocha deve ter sido utilizada. Pinturas rupestres foram encontradas na França, Espanha, África, Índia e em outros lugares, datando mais de 28 mil AEC.

Esboços de mãos em amarelo, ocre e verde, feitos entre 13 mil e 9 mil anos atrás, Cueva de las Manos, Rio Pinturas, Patagônia, Argentina.

A partir de cerca de 33 mil AEC, outros tipos de arte incluíam objetos decorados e coloridos e até mesmo armas feitas com ossos e marfim, assim como estatuetas de pedra, ossos, terracota ou argila.

CAVERNA DE CHAUVET

Primeiras pinturas em cavernas encontradas na Europa, as imagens de quase 400 metros de extensão na caverna de Chauvet, no sul da França, mostram uma variedade extraordinariamente grande de animais: leões, mamutes, rinocerontes, ursos das cavernas, cavalos, bisontes, cabras, renas, cervos-vermelhos, auroques, alces-gigantes, bois-almiscarados, panteras e corujas. A datação por radiocarbono revela dois períodos de ocupação: 30 mil – 28 mil AEC e 25 mil – 23 mil AEC. Ademais, a caverna continha restos fossilizados de animais e, no chão, pegadas preservadas tanto de animais quanto de humanos.

Os primeiros caçadores usavam flechas com penas de voo e arcos de pedra.

10000 – 5000 AEC

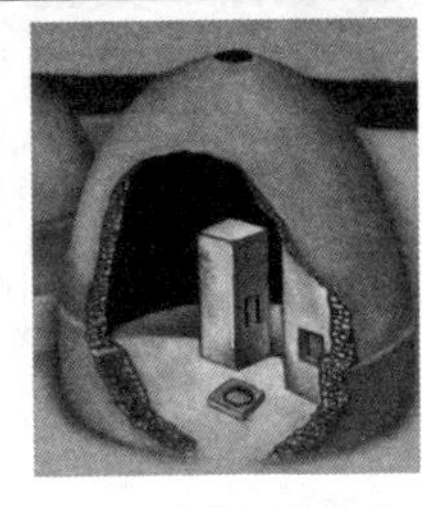

Impressão artística de uma cabana neolítica em Choirokoitia, Chipre.

Embora ainda estivessem ocorrendo mudanças geológicas, a topografia da Terra permaneceu relativamente estável por volta de 9 mil AEC. Conforme a última Era do Gelo chegava ao fim, entre 13 mil e 10 mil AEC, enormes quantidades de água eram liberadas. A superfície do planeta se transformou, e o clima ficou mais ameno. Em algumas áreas, as chuvas regulares tornaram a terra mais fértil e, ainda que as comunidades de caçadores e coletores continuassem existindo, por todo o mundo começaram a surgir mais comunidades que cuidavam de suas colheitas e mantinham animais domésticos, sendo que as primeiras grandes comunidades teriam existido na Ásia por volta de 9 mil AEC. O cultivo das

A antiga cidade de Jericó.

CHOIROKOITIA

As aldeias começaram a surgir por volta de 7 mil AEC na ilha de Chipre. Uma das primeiras foi Choirokoitia, próxima à costa sul. Cercada por uma muralha de defesa, ela abrigava casas circulares, em geral com telhados abobadados. As paredes das casas com frequência eram de pedra e, no interior, havia prateleiras, bancos e janelas. Os mortos de Choirokoitia eram enterrados sob o chão da casa; a população cultivava cereais, colhia frutas selvagens e criava ovelhas, cabras e porcos. Ossos de cervos encontrados indicam que lá já existia caça. Choirokoitia foi abandonada por volta de 6 mil AEC. Pelo menos vinte sítios arqueológicos similares foram descobertos no Chipre.

plantações desencadeou a estocagem de alimento e o surgimento das aldeias que, por volta de 6 mil AEC, espalhavam-se pela região e já se transformavam em vilas. Entre elas estavam Jericó e Çatal Hüyük, ambas localizadas próximas a fontes de água.

Pequenas comunidades agrícolas em outras partes da Ásia e também da Europa, África e América desenvolveram estilos distintos de construção de moradias e produção artesanal. As plantas cultivadas e os animais domesticados variavam de acordo com o clima e a região. A irrigação por canais teve início na Mesopotâmia. Cerâmica pintada e outros artefatos, como estatuetas de terracota, foram descobertos em diversas áreas. Além de pedra, ossos e marfim eram usados para a fabricação de alfaias e, mais para o final desse período, o cobre começou a ser utilizado. Nessa época, não havia escrita, mas petróglifos – sinais que possivelmente representam os precursores da escrita – foram encontrados em vários locais.

Uma antiga vila jomon (10 mil – 300 AEC) no Japão.

ÇATAL HÜYÜK

Estima-se que Çatal Hüyük, na Turquia, datado entre 8 mil e 6 mil AEC, tenha sido habitado por volta de 5 a 10 mil pessoas que viviam em casas de tijolos de barro e gesso. As casas não tinham portas e a entrada se dava pelo teto. A população cultivava cereais, cuidava de rebanhos de gado e fazia armas de pedra e cerâmica. Também negociavam produtos e celebravam rituais para os mortos. Várias estatuetas de mulheres foram encontradas, assim como santuários dedicados a uma suposta Deusa-Mãe. Outros achados incluem estatuetas de animais, ferramentas feitas com ossos, tigelas de madeira, cestos trançados e objetos de cerâmica.

Escultura neolítica de uma divindade de Çatal Hüyük, Turquia.

CULTURA JIAHU

Jiahu, localizada no rio Huang (Amarelo), na China, foi uma cultura neolítica complexa que se desenvolveu entre 7 e 5,7 mil AEC. O sítio ficava em uma área de 55 mil metros quadrados cercada por um fosso. Restos de casas, objetos de cerâmica, esculturas em turquesa e ferramentas de ossos e pedras foram encontrados no local. A partir da fase intermediária, passaram a existir marcas esculpidas em cascos de tartaruga e ossos, algumas das quais são similares aos caracteres posteriormente encontrados na escrita chinesa. Algumas flautas de ossos encontradas no sítio ainda hoje podem ser tocadas. A população cultivava arroz e painço, e o álcool era feito com o arroz fermentado misturado a mel e espinheiros.

5000 – 1500 AEC Ásia, Oriente Médio

A agricultura e a domesticação de animais (como gatos, porcos, camelos e cães) se difundiram. Ferramentas de pedra mais desenvolvidas eram usadas, assim como ferramentas de cobre e bronze e a roda de oleiro. A arte e a construção se desenvolveram ainda mais, e centros urbanos continuaram surgindo. Civilizações urbanas despontaram na Mesopotâmia, no Egito, na Índia, no Paquistão e no Mediterrâneo.

Parte superior do Código de Hamurabi.

Mesopotâmia

A Mesopotâmia, região em que, grosso modo, atualmente é o Iraque, fica entre os vales dos rios Tigre e Eufrates. Suas primeiras cidades foram fundadas por volta de 5 mil AEC na Suméria, nome dado ao sul da Mesopotâmia, e se transformaram em cidades-estados que controlavam as regiões ao redor. Por volta de 2,5 mil AEC, a cultura suméria alcançou seu apogeu, estendendo-se desde as cordilheiras de Zagros e Tauro e do Golfo Pérsico ao mar Mediterrâneo. Os trabalhos artesanais floresceram; canais de irrigação desde os rios até os vilarejos e as cidades permitiram o cultivo de cevada, trigo, milho e

A EPOPEIA DE GILGAMESH

Talvez o mais antigo texto do mundo (a primeira versão foi escrita pouco depois de 2 mil AEC), a epopeia descreve um rei que teria governado Uruk, na Mesopotâmia, por volta de 2,7 mil e 2650 AEC. As versões posteriores incluem a história de uma grande enchente e a construção de uma arca que permitiu a sobrevivência de uma família.

gergelim. Um sistema de escrita foi desenvolvido, primeiro com base na pictografia e, posteriormente, estilizado (cuneiforme). Essa escrita pode ser vista em pedras e tabuletas de argila encontradas na região. Os sumérios adoravam uma série de divindades e de 2,5 mil a 500 AEC construíram grandes templos em torres de degraus conhecidos como zigurates. É provável que a lendária Torre de Babel tenha sido o zigurate do templo de Marduque, na Babilônia.

Por volta de 2334 AEC, Sargão da Acádia, uma cidade até agora não identificada na Mesopotâmia central, conquistou a Suméria. A união das culturas passou a ser conhecida como Acádia. Posteriormente, o rei Hamurabi da Babilônia (1792 - 1750 AEC) conquistou a Suméria e a Acádia, criando um forte império. Ele é lembrado por seu código de lei, gravado em colunas de pedra e tabuletas de argila - o mais antigo código desse tipo conhecido atualmente. Os hititas, um povo que falava uma língua indo-europeia e que havia se assentado na Ásia Menor por volta de 1,9 mil AEC, conquistou a Babilônia em 1590 AEC.

Civilização Hindu

Outra grande civilização surgiu nas planícies férteis do rio Indo, no subcontinente indiano. Em seu apogeu, entre 2,6 mil e 1,8 mil AEC, a cultura era dominada por grandes cidades, como Harappa e Mohenjo Daro, no Vale do Indo, Lothal e Dholavira, em Gujarate e Kalibangan, Rajastão. As cidades continham estruturas de tijolo cozido e um elaborado sistema de drenagem. Numerosos objetos de uma variedade de materiais - pedras, metais, marfim, terracota - foram encontrados, assim como itens de cerâmica vermelha e pedras com escritos não decifrados.

Topo: selo em esteatito, Civilização do Vale do Indo.

Acima: estruturas de tijolo em Lothal, Índia.

Abaixo: o grande Zigurate de Ur (no atual Iraque), construído com tijolos de barro.

LOTHAL: UM PORTO COMERCIAL

Um importante centro da civilização hindu, Lothal ficava localizado na costa de Gujarate, na Índia, e provavelmente envolvia trocas externas. Além de casas, ruas e sistema de drenagem comuns, Lothal contava com um grande armazém e uma estrutura de tijolo cozido que possivelmente era uma doca para navios. Essa estrutura media aproximadamente 215 por 35 metros e, na maré alta, os navios podiam entrar por uma abertura de 12 metros. Toda a cidade era envolvida por uma enorme muralha de defesa para resistir a enchentes.

5000 – 1500 AEC África, Europa

Civilização Egípcia

Osíris era o rei da morte. Ele, Isis, Néftis e Set estavam entre os nove deuses adorados em Heliópolis, Egito.

Em algum momento depois de 4 mil AEC, as vilas ao longo do rio Nilo se agruparam em dois reinos: Alto e Baixo Egito, unidos pelo rei Menés por volta de 3,1 mil AEC. Trinta dinastias, agrupadas em Antigo Império, Médio Império e Novo Império, com alguns períodos intermediários, teriam governado entre os tempos de Menés e a conquista do Egito por Alexandre, em 332 AEC. Faziam parte da civilização egípcia: um sistema avançado de governo, obras de irrigação, construções impressionantes, as ciências da astronomia, matemática e medicina, calendário de 365 dias, escrita hieroglífica em monumentos e uma escrita hierática simplificada, além da invenção de folhas de papiro para a escrita.

Durante o Antigo Império, enormes pirâmides, que na verdade eram tumbas elaboradas, foram criadas. Os mortos eram embalsamados como múmias e enterrados no interior delas, e enormes complexos de templos eram criados junto a essas pirâmides. Os egípcios adoravam muitas divindades, incluindo o importante deus sol Ra, posteriormente Amon-Rá. Tanto as paredes das tumbas quanto as dos templos traziam a arte naturalista egípcia.

As planícies férteis do Nilo permitiam o plantio de frutas, legumes e leguminosas. Os egípcios antigos também produziam vinho e cerveja.

AS PIRÂMIDES DO EGITO

Cerca de oitenta pirâmides foram encontradas em vários sítios. Três das maiores foram construídas em Gizé: as dos reis Quéops (2547 – 2524 AEC), Quéfren (2516 – 2493 AEC) e Miquerinos (2493 – 2475 AEC). A pirâmide de Quéops é a maior do Egito, com cada uma de suas laterais medindo cerca de 230 metros na base. Foram necessários vinte anos e, em tese, 100 mil homens para construí-la.

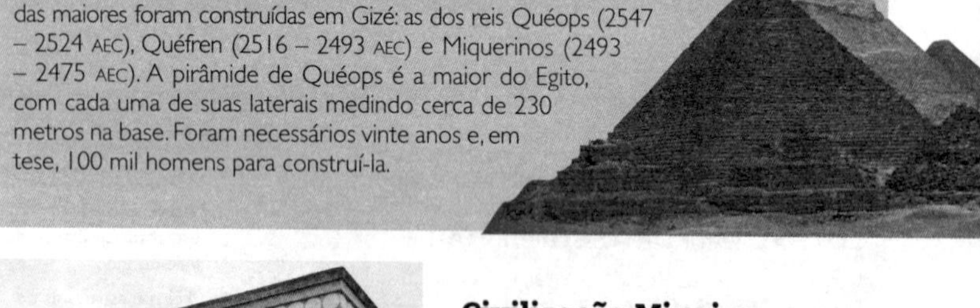
Grande pirâmide de Quéops, Gizé, Egito.

Palácio de Minos, Cnossos, Creta.

Civilização Minoica

Essa cultura existiu na ilha de Creta, na Europa, durante os anos 3 mil e 1450 AEC. Abastados por conta do comércio marítimo, os minoicos construíram grandes palácios, como o Cnossos. Criavam artefatos de cerâmica, ouro e bronze e desenvolveram vários sistemas de escrita.

CULTURA GUMELNITA-KARANOVO

Estendendo-se desde o Mar Negro entre leste e centro da Bulgária, no oeste, e do rio Danúbio no norte até Trácia, no sul, gumelnita, na Romênia, e karanovo, na Bulgária, são exemplos de culturas agrícolas que utilizavam o bronze entre 4,5 e 4 mil AEC. Entre os muitos objetos encontrados na região estão estatuetas de mulheres.

Comunidades Agrícolas na Europa

A tecnologia do bronze foi introduzida na Europa ocidental e enormes tumbas de pedra foram construídas em conjunto com menires megalíticos como Stonehenge, na Inglaterra. Várias culturas neolíticas no sudeste da Europa mostram evidências de casas, cemitérios, objetos de culto e do uso de cobre.

Assentamento neolítico de Skara Brae, Ilhas Órcades, Escócia.

SKARA BRAE

Esse vilarejo neolítico bem preservado em Mainland, Orkney, Escócia, data de 3,1 a 2,5 mil AEC. Com poucas árvores na ilha, as casas e os móveis (incluindo camas, prateleiras, mesas e lareiras, além de um banheiro interno ligado à água corrente) eram feitos de pedra.

EXPANSÃO DAS CIVILIZAÇÕES

1500 - 500 AEC ORIENTE MÉDIO, ÁSIA, EUROPA

Aspectos da civilização como os centros urbanos, a escrita, o uso de metais e grandes monumentos começaram a se espalhar por novas áreas. O dinheiro começou a ser usado e moedas foram produzidas. As sociedades tornaram-se mais complexas, com novas filosofias e religiões, sistemas monetários e artefatos elaborados. Ao mesmo tempo, as guerras e as conquistas surgiram conforme novos impérios ascendiam e caíam.

Egito: o Novo Império

Um dos períodos mais prósperos do Egito, o Novo Império ficou conhecido por sua arquitetura monumental e grandiosa arte. Amósis I deu início ao período com a fundação da 18ª dinastia entre 1540 e 1539 AEC; outro rei notável, Amenófis IV (Aquenáton) fundou a cidade de Amarna, próxima a Tebas, e um novo culto ao deus sol Áton. Provavelmente o mais famoso de todos os faraós foi o filho de Aquenáton, Tutancâmon, que morreu aos dezenove anos em 1323 AEC. No Novo Império, grandes construções foram erguidas em Karnak e Luxor (Tebas) e, no Vale dos Reis, próximo a Luxor, muitos faraós, incluindo Tutancâmon, foram colocados em tumbas profundas. A prosperidade entrou em decadência depois do período de Ramsés III (reinou entre 1187 e 1156 AEC), com repetidas invasões dos líbios e tribos capazes de navegar.

A máscara em ouro sólido de Tutancâmon, encontrada sobre a cabeça e os ombros da múmia, foi evidentemente moldada de modo a refletir as características faciais do faraó. As cabeças de abutres e cobras simbolizam a soberania sobre o Alto e Baixo Egito.

OS FENÍCIOS

Também conhecidos como "povos marítimos", os fenícios, ligados ao comércio marinho, prosperaram entre 1,2 mil e 800 AEC ao longo das regiões costeiras do Mediterrâneo oriental. Suas cidades portuárias incluíam Tiro, Sídon, Berot (atual Beirute), Biblos e Cartago.

Moeda fenícia.

TROIA

No passado, Troia foi confundida com uma lenda sobre o resgate pelos gregos, de Helena de Esparta, que havia fugido com o guerreiro Páris. Hoje em dia, os arqueólogos acreditam que Troia seja o monte de Hissarlik (Lugar da Fortaleza), na Turquia, um local ocupado entre cerca de 3 mil e 1260 AEC, quando foi queimado, na tradicional data que celebra a destruição pelos gregos.

Ossos do oráculo da dinastia Shang.

A Dinastia Shang

Na China, a dinastia Shang - conhecida por seus trabalhos avançados com bronze - prosperou no vale do rio Huang Ho (Amarelo). Os governantes Shang praticavam a adoração aos ancestrais e a divinação e eram enterrados em câmaras enormes.

Um manuscrito do Rigveda.

A Civilização Védica

Um dos primeiros textos em sânscrito, o *Rigveda*, oferece algumas informações sobre a vida no noroeste da Índia entre os anos de 1,5 mil e 1000 AEC. Os autores do texto chamam-se *arya* ou nobres, o que deu origem ao termo "ariano". A origem desse povo continua sendo fonte de controvérsias: alguns pesquisadores pensam que os *aryas* tiveram sua origem na Índia; outros acreditam que eram falantes do indo-europeu que migraram da região do mar Cáspio. Posteriormente, outros vedas foram compostos, em conjunto com textos auxiliares, incluindo os *Upanishads*, contendo profundos pensamentos filosóficos.

CELTAS

Ornamento celta.

"Celta" é um termo abrangente para referir-se tanto a um povo falante de certa ramificação das línguas indo-europeias quanto ao povo da cultura dos Campos de Urnas (1,2 mil – 800 AEC), no norte da Alemanha e da Holanda, e seus descendentes, a rica cultura de Hallstatt, de 800 a 500 AEC, conhecida pelo uso de ferro, incluindo arados e rodas de charrete. Em 500 AEC, a cultura celta havia se espalhado pela Península Ibérica, Irlanda e Grã-Bretanha. Os druidas místicos, sacerdotes proficientes em magia e rituais, tinham um papel importante na sociedade celta.

Ruínas em Hisarlik, Turquia.

1500 – 500 AEC Oriente Médio, África, Europa, Ásia, América Central e América do Sul

Davi sendo ungido por Samuel (de um painel de madeira na Sinagoga de Dura, Síria).

Os Hebreus

Os povos mais proeminentes da Ásia Ocidental foram os hititas e os assírios, mas um outro grupo importante foi o dos hebreus. Conforme narrado na Bíblia, eles se assentaram em Canaã (Palestina) com seu líder Abraão.

Por volta de 1,5 mil AEC, a fome forçou um grupo a deixar Canaã e partir para o Egito, onde se tornaram escravos. Eles escaparam do Egito nos tempos de Ramsés II e voltaram para Canaã. Também eram conhecidos como israelitas e, posteriormente, como judeus. Por volta do século XI AEC, a dinastia de Davi foi fundada. Seu filho, Salomão, construiu o primeiro templo em Jerusalém em aproximadamente 950 AEC, mas, depois de sua morte, o reino se dividiu em dois: Israel ao norte e Judá ao sul. O reino do norte foi destruído pelos assírios em 721 AEC e, depois disso, várias tribos hebraicas migraram, transformando-se nas Tribos Perdidas de Israel. O reino do sul durou até Nabucodonosor II da Babilônia destruir o templo e deportar a maioria dos habitantes para a Babilônia entre 587 e 86 AEC.

Cuche

Parte da Núbia, na África, o reino do Cuche foi influenciado pelo Egito, mas, a partir de cerca de 770 e 671 AEC, chegou a governar o Egito, sendo posteriormente destruído pelos assírios.

Micênicos e os Estados Gregos

Os micênicos da Grécia continental começaram a influenciar a cultura minoica grega a partir de 1,5 mil AEC. As cidades-estados gregas começaram a surgir por volta de 800 AEC, cada uma com seu próprio corpo de governo, forças militares e divindades.

JUDAÍSMO

O judaísmo, religião judaica, desenvolveu-se entre os hebreus ou israelitas. Seus principais princípios são a crença em um deus supremo, Javé, e nos Dez Mandamentos, que foram revelados por volta do século XIII AEC para Moisés, que liderou o Êxodo do Egito a Canaã.

Etruscos

Os etruscos, cuja origem não é clara, provavelmente se instalaram em partes da Itália entre 1,2 mil e 700 AEC, e mantiveram relações próximas com o povo que já ocupava o espaço de Roma, embora a República Romana só tenha sido fundada em 509 AEC.

RÔMULO E REMO

Segundo a mitologia, os gêmeos Rômulo e Remo, filhos de Marte, o deus da guerra, foram abandonados depois do nascimento, mas resgatados e criados por uma loba; posteriormente teriam sido adotados por um pastor. Rômulo cresceu e fundou a cidade de Roma em 753 AEC, ao passo que Remo foi morto após uma briga.

Escultura de Rômulo e Remo com a loba.

Olmecas

Conhecidos pelas enormes cabeças em basalto e estatuetas delicadas de jade, a civilização olmeca, no México e América Central, tinha como base La Venta, um espaço urbano com várias casas e um complexo de templos em volta de uma alta pirâmide.

Uma cabeça olmeca.

Cultura Chavín

A cultura chavín, na América do Sul, desenvolveu-se em volta de Chavín de Huantar, nos Andes Peruanos. As ruínas incluem um complexo em pedra, conhecido como um templo, e baixos-relevos retratando deuses, humanos e animais.

CONQUISTAS E IMPÉRIOS

500 AEC – 1 EC ORIENTE MÉDIO, EUROPA

Esta foi uma era de grandes batalhas e conquistas, quando enormes impérios foram fundados. Ao mesmo tempo, houve períodos de paz, nos quais a arte, a cultura e a filosofia floresceram.

O Império de Dário I

Dário I (521–486 AEC) da Pérsia estendeu seu império ao noroeste da Índia, Trácia e Macedônia. O vasto império foi reorganizado em vinte satrapias ou províncias, cada uma administrada por um governador. Dário perdeu a Batalha de Maratona contra os gregos (490 AEC). O Império Persa finalmente teve sua derrocada quando Dário III foi derrotado por Alexandre, o Grande, na Batalha de Gaugamela.

Mosaico de Dário III em batalha contra Alexandre, Pompeia, Itália.

Judá

Judá foi governada pelos persas, Alexandre, o Grande, gregos selêucidas da Síria e judeus asmoneus antes de ser dominada por Roma. Em 37 AEC, Herodes tornou-se o rei de Judá, na região conhecida como Judeia. Por volta de 5 AEC, Jesus Cristo, o fundador do cristianismo, nasceu.

ZOROASTRISMO

Criada pelo profeta Zaratustra ("Zoroastro", em grego) onde agora é o Irã, essa religião sustenta que existe apenas um único deus, conhecido como "Aúra-Masda". Religião estatal dos persas sassânidas, o zoroastrismo foi a primeira religião monoteísta, influenciando o judaísmo, o cristianismo e o islamismo. Em sua forma posterior, ela passou a ver o mundo em termos dualísticos, com as forças opostas do bem e do mal.

Cidades-Estados Gregas

Partenon, Atenas, Grécia, *aprox.* século IV AEC.

Entre as principais cidades-estados gregas estavam Atenas (líder da Liga de Delos), Esparta (líder da Liga do Peloponeso), Olímpia, Corinto e Argos. Depois das Guerras Médicas (Guerras Greco-Persas), Atenas emergiu e a cultura grega alcançou seu apogeu, com o surgimento da democracia, de construções monumentais (incluindo o templo à deusa Atena, o Parthenon) e o florescimento das artes, ciências e filosofia. Ésquilo, Sófocles e Eurípedes estiveram entre os dramaturgos clássicos atenienses, ao passo que os grandes escultores incluíam Fídias, Praxiteles e Escopas. A civilização grega entrou em decadência após as guerras entre Esparta e Atenas e, em 338 AEC, foi tomada por Filipe II da Macedônia. Seu filho, Alexandre, tornou-se rei em 336 AEC.

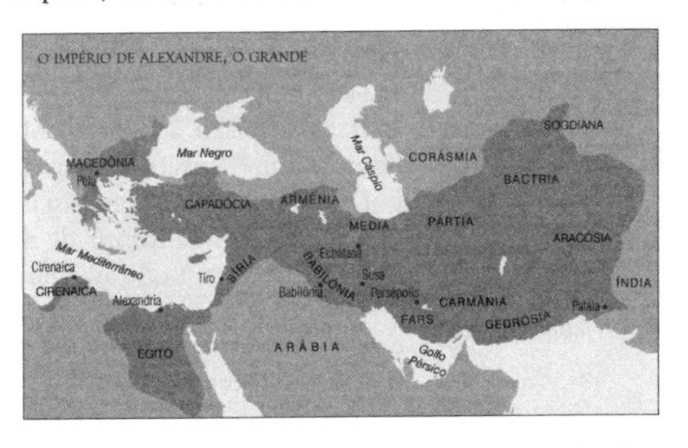

ALEXANDRE, O GRANDE

Ao expandir seu controle sobre a Grécia, Alexandre derrotou os persas e posteriormente conquistou Síria, Tiro, Gaza e Egito. Em seguida, tomou Babilônia, Susa e Persépolis e invadiu o noroeste da Índia. Suas tropas se recusaram a partir dali, forçando-o a recuar. Um grande general, Alexandre também valorizava o aprendizado e tinha sido discípulo de Aristóteles.

500 AEC – 1 EC Ásia, África, Europa

Qin e Han

Uma série de reinos combatentes existia na China até o governante do Estado de Qin criar um império unificado em 221 AEC, adotando o nome Qin Shi Huangdi ou Primeiro Imperador de Qin. Depois de sua morte, em 210 AEC, Liu Bang ou Liu Ji, um oficial do exército, chegou ao poder como imperador (202 - 195 AEC) e fundou a dinastia Han. Seu forte sistema imperial, com o confucionismo como ideologia de Estado, foi basicamente seguido pelos 2 mil anos seguintes.

A TUMBA DE QIN SHI HUANGDI

O famoso Exército de Terracota, modelos em tamanho real de mais de 7 mil guerreiros, com direito a cocheiros e cavalos, é a única parte do grandioso monumento ao imperador Qin Shi Huangdi que ele mesmo começou a construir, no início de seu reinado. Próxima à cidade de Xian, a tumba também contém uma réplica de um palácio imperial. Esqueletos de humanos e de cavalos foram descobertos no complexo.

Asoka

Moeda máuria de prata.

Asoka (reinado entre 269 e 232 AEC), um imperador da Índia, pertenceu à dinastia Máuria, cuja capital era Pataliputra (atual Patna). Depois de ver o sofrimento causado por suas guerras de conquista, ele se voltou ao budismo e desenvolveu uma filosofia de dhamma (*dharma*, em sânscrito, a "vida certa") que incluía um código-modelo de comportamento, como o respeito às pessoas de todas as classes e religiões. Asoka gravou suas ideias em pilastras e pedras por toda a Índia.

Roma

Roma foi paulatinamente se tornando o Estado dominante no mundo ocidental. Num primeiro momento, foi um reino, mas uma revolta popular em 509 AEC provocou a criação da República Romana, que durou até 27 AEC. Em vez de um rei no comando, a República tinha dois magistrados, conhecidos como cônsules, eleitos pelos cidadãos e aconselhados pelo senado. Uma série de conflitos internos dentro da República chegou ao fim quando o general Júlio César tornou-se ditador vitalício, mas o senado se opôs a isso e César foi morto por Longino, Brutus e outros senadores. O que se seguiu foi um período de transição antes de Otávio transformar-se no primeiro imperador de Roma, em 27 AEC.

Júlio César.

Os romanos por fim conquistaram um enorme império, incluindo Síria, Macedônia, Grécia, Espanha, França, Pérgamo (na Ásia Menor) e partes do norte da África, Alemanha e Grã-Bretanha. Roma destruiu o estado de Cartago, na África Setentrional, apesar da expedição do general cartaginês Hannibal pelos Alpes para atacar Roma com elefantes de guerra. Depois da conquista da Grécia, Roma absorveu a cultura grega, que formou a base de sua própria cultura.

O Império Romano, que se estendeu até 450 EC, foi caracterizado por grandes casas, boas estradas, mercados com produtos opulentos, banhos públicos, esportes e jogos, além de literatura, arte e cultura – A *Eneida*, composta pelo poeta Virgílio (70 – 19 AEC) e os trabalhos de Horácio (65 – 8 AEC) são clássicos em língua latina; o senador Cícero (106 – 43 AEC) é lembrado como o maior orador de Roma.

O REINO DE CUCHE

Localizado na região do Sudão, na África, o reino de Cuche, fortemente influenciado pelo Egito, tinha como capital Meroé, que se tornou um centro de comércio da África Setentrional, Oriente Médio e Europa. A civilização cuche entrou em declínio por volta do século I EC.

Pirâmide meroítica em meio a dunas de areia.

NOVAS IDEIAS

500 AEC – 1 EC Europa, Ásia

Embora em todo o mundo antigo vários deuses fossem adorados, foi nesse período que ocorreu também o surgimento de filosofias avançadas, especialmente na Grécia, na Índia e na China.

Filosofia Grega

A base de toda a filosofia ocidental foi formada por pensadores gregos que viveram entre cerca de 600 e 200 AEC. Sócrates (470 – 399 AEC), seu discípulo Platão e o discípulo de Platão, Aristóteles, foram os mais influentes pensadores gregos. Sócrates buscou a verdade por meio de questões dialéticas e expôs a ideia de que a *arete* (bondade ou virtude) é um aspecto inato da vida ligado ao autoconhecimento. O próprio Sócrates nada escreveu, mas seus diálogos foram registrados por outras pessoas. Platão sistematizou a filosofia de Sócrates e definiu o objetivo do filósofo: conhecer e compreender formas eternas e instruir outras pessoas nessa verdade. A obra de Platão, A *República*, apresenta uma descrição do Estado perfeito. Aristóteles, por sua vez, escreveu diversas obras sobre a lógica, o mundo natural, a metafísica e a ética. Suas ideias permanecem até os tempos atuais. Outros grandes filósofos foram Tales, Anaximandro e Heráclito (todos ofereceram explicações sobre a matéria). Também surgiram nomes como Pitágoras (582 - 500 AEC), que usou a matemática para compreender o mundo natural, e Anaxágoras (que introduziu o conceito de *noûs*, a mente ou intelecto que permeia todos os seres vivos e que acreditava que a matéria era composta por partículas minúsculas, ou átomos). No século V AEC, sofistas como Protágoras focaram-se em sucessos materiais, pois acreditavam que entender a verdade definitiva era impossível. Cínicos, epicuristas, céticos e estoicos eram outros grupos de filósofos gregos antigos e, de modo geral, as ideias gregas também influenciariam posteriormente a política e a estética.

Visão de Michelangelo do Liceu de Aristóteles em Atenas, no teto da Capela Sistina, Vaticano.

Filosofia Indiana

Os seis sistemas clássicos de filosofia desenvolvidos - Nyaya, Vaisheshika, Mimamsa, Sânquia, Yoga e Vedanta - criaram as bases para todos os futuros desenvolvimentos da filosofia hindu. Ao mesmo tempo, porém, as novas religiões (como budismo e jainismo) espalhavam-se. Os jainistas seguem os ensinamentos de Mahavira e acreditam na não violência severa e em não causar mal a nenhum ser vivo (nem mesmo a um inseto).

BUDISMO

Gautama Siddhartha, conhecido como Buda ou "O Iluminado", fundou a religião conhecida como budismo. Nasceu como um nobre no Nepal, mas, em seu 29º ano de vida, movido pelas imagens do sofrimento, tornou-se ascético e começou a vagar e meditar até alcançar a iluminação. Seus ensinamentos básicos são as Quatro Nobres Verdades, que atribuem o sofrimento ao desejo, e o Nobre Caminho Óctuplo, que define o modo de vida que pode levar uma pessoa além do sofrimento material.

Buda, Saranate, Índia, século V.

Filosofia Chinesa

Confúcio.

Confúcio (551 - 479 AEC) viveu na China na época da decadência da dinastia Zhou, quando a corrupção era galopante. Para recriar um Estado ideal, ele acreditava que os princípios dos antigos sábios chineses deveriam ser revividos e que a sociedade deveria ser uma hierarquia com um governante e seus súditos comportando-se de forma ética, oferecendo lealdade a seus superiores e justiça para os que estivessem abaixo deles. A filosofia de Confúcio tornou-se amplamente adotada e seus ensinamentos, reunidos nos *Analectos*, ainda hoje são populares.

Mais ou menos na mesma época, desenvolveu-se também a filosofia do Taoismo. Tao (o Caminho) implicava na compreensão do fluxo livre, da natureza mutável do mundo e do próprio humano e em ser livre de dogmas.

1 EC - 500 ÁSIA, ORIENTE MÉDIO, AMÉRICA DO SUL E AMÉRICA CENTRAL

Os Sassânidas

Baixo relevo mostrando a investidura de Artaxes I por Ahura Mazda, Naqsh-e-Rustam, Irã.

No Irã, Artaxes I derrotou os partas em aproximadamente 224 EC e estabeleceu a dinastia Sassânida. O Império Sassânida estendia-se do rio Eufrates ao noroeste da Índia. A posição do Irã como porta de entrada das trocas e do comércio entre os mundos oriental e ocidental refletiu-se em sua riqueza e abundância de itens de luxo, como pratos de prata, painéis de estuque, vidraçaria, seda e lã de qualidade. Selos elaborados com gema e pedras preciosas foram talhados e impressos em argila para selar documentos. Enormes relevos de cenas da realeza, de caça e de batalhas foram lavrados em falésias de montanhas rochosas. O zoroastrismo foi transformado em religião de Estado. O Império Sassânida chegou ao fim com a derrota para os árabes no século VII.

Moeda de ouro de Samudragupta.

Versão ilustrada do calendário maia.

Cuchanos e Guptas

Os cuchanos da Ásia Central pouco a pouco conquistaram territórios, estendendo-se até a Bacia do Tarim, no noroeste da China, e, pelo Afeganistão, até o norte da Índia. No século III, os cuchanos no Afeganistão foram subjugados pelos sassânidas iranianos. No norte da Índia, foram sucedidos pela dinastia Gupta. O maior rei gupta, Samudragupta (*aprox.* 335 – 80 EC) criou um vasto império. A arte e a cultura floresceram durante o período dos guptas. Belas e refinadas esculturas foram produzidas, especialmente em Saranate e Matura. Moedas de ouro eram usadas e uma literatura grandiosa foi criada. Calidasa, um dos grandes escritores em sânscrito, viveu durante esse período.

Os Maias

Os maias foram possivelmente a maior das civilizações desenvolvidas da América do Sul, datando de pelo menos 1,5 mil AEC. Eles viveram em uma grande área que incluía partes do México, a Península de Iucatã e o norte da América Central. A civilização alcançou seu apogeu entre cerca de 250 e 900 EC, com aproximadamente oitenta cidades-estados, cada uma com uma linha distinta de reis. Os estados praticavam a agricultura em larga escala e contavam com centros urbanos e religiosos, complexos de palácios, pirâmides e templos. Tikal, Caracol, Dos Pilas e Calakmul estavam entre esses centros.
Os maias são conhecidos por sua arquitetura, arte, olaria, cerâmica, sistema de escrita, calendário e sistemas matemáticos e astronômicos complexos. Também praticavam sacrifício humano, e a maioria das cidades abrigava uma quadra para um jogo que funcionava como ritual. O calendário maia, que tem início em uma data equivalente a 3114 AEC, prevê uma grande mudança em 2012.

Soldado han de cerâmica, *aprox.* século I EC.

Dinastia Han

Na China, a dinastia Han venceu um usurpador e se restabeleceu em 25 AE no Han Ocidental, governando em uma nova capital em Luoyang. O comércio floresceu, e as novas invenções do período incluem papel, relógios d'água, instrumentos astronômicos e um sismógrafo. Os Hans decaíram por volta de 220 EC, abrindo espaço para o Período dos Três Reinos.

TEOTIHUACAN

Teotihuacan, a cidade pré-asteca mais importante no centro do México, foi ocupada a partir de cerca de 400 AEC. Ela alcançou o apogeu em aproximadamente 500 EC, cobrindo uma área de cerca de 20 quilômetros quadrados, com uma população estimada entre 100 mil e 200 mil habitantes. A origem do povo de Teotihuacan permanece desconhecida. A cidade abrigava 2 mil compostos habitacionais, grandes praças, templos, palácios e pirâmides, mas, por volta de 750 EC, a área central sofreu um incêndio que levou a cidade à decadência.

1 EC – 500 Europa, África

Império Romano

O Império Romano foi o maior do mundo em sua época. Alcançou seu apogeu entre os séculos I e II EC, com províncias na Europa, Ásia e África, desfrutando de um período de paz e prosperidade que se encerrou por volta de 180 EC. Roma ficou conhecida por sua arte, arquitetura, literatura e vida social vibrante. Em 285 EC, o Imperador Diocleciano dividiu o Império em Ocidental e Oriental para facilitar a governabilidade. Roma foi reunida novamente duas vezes por breves períodos, mas, depois de 395, continuou dividida de maneira permanente, com a capital oriental sendo Constantinopla (Bizâncio). No século V, as províncias romanas continentais foram invadidas por visigodos, hunos e vândalos, mas, enquanto Roma Ocidental entrava em decadência, o lado oriental, também conhecido como Império Bizantino, continuou vigorando.

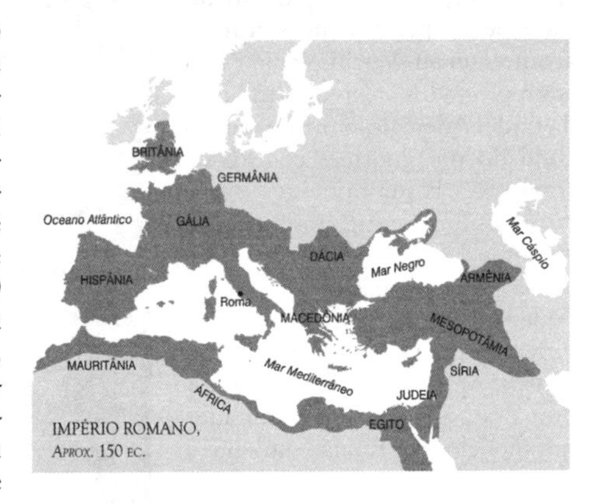

IMPÉRIO ROMANO, Aprox. 150 EC.

RELIGIÃO ROMANA

Imperador Constantino.

Os romanos adoravam vários deuses – alguns deles, como Júpiter e Marte, tinham sua origem nas primeiras tradições etruscas e latinas; outros, como Diana, Minerva, Hércules e Vênus, vinham da Grécia e do Irã. Mitra (ou Amigo), originalmente um deus indo-iraniano, tornou-se o centro de um culto místico.

O imperador também era o *pontifex maximus* (pontífice máximo), chefe da religião estatal romana e guardião dos antigos cultos romanos. No século I, Paulo de Tarso (aproximadamente 10 – 67 EC) começou a propagar o cristianismo, mas o Estado romano respondeu com medo e perseguição até o imperador Constantino se converter e aplicar o cristianismo em algumas áreas do seu império. Os deuses anteriores e o culto a Mitra entraram em decadência.

Cidades Romanas

Entre as muitas cidades do Império, a maior era Roma, a qual era dominada pelo fórum, originalmente um espaço aberto para funções públicas e depois local de enormes construções, templos e arcos. Aberto em 600 AEC e expandido por muitos imperadores, o fórum era o centro da vida pública. Discussões políticas, desfiles celebrando vitórias, adoração em templos, jogos, diversões e performances teatrais aconteciam ali. Veículos com rodas eram proibidos até as quatro horas da tarde. Ademais, o fórum era circundado por enormes centros de comércio. Posteriormente, surgiram dois fóruns distintos: um para assuntos legais e administrativos, outro para comércio.

Ruínas do fórum romano, Roma, Itália.

Todas as cidades do Império contavam com prédios públicos, fóruns, teatros, anfiteatros, pontes, aquedutos, arcos e estados inspirados no modelo de Roma, embora a arquitetura variasse em diferentes regiões. Os banhos públicos, onde os homens se reuniam para discutir diversos assuntos, também eram uma característica comum.

Uma casa romana típica.

AXUM

Muitas sociedades diferentes, com distintos níveis de desenvolvimento, existiram nessa época na África. As regiões costeiras do norte estavam sob o domínio romano. O reino do Cuche, com sua capital em Meroé, estava em decadência, e, em aproximadamente 300 EC, foi tomado pelo estado de Axum. No século IV, Axum tornou-se um Estado cristão e, por fim, entrou em decadência, com a propagação do Islã na África no século VII.

NOVAS IDEIAS

1 EC – 500 Ásia, Oriente Médio

Jesus, nascido judeu em Belém, Judeia, foi o fundador da religião que viria a ser conhecida como cristianismo. Por volta dos trinta anos, ele reuniu doze discípulos (também conhecidos como apóstolos), que seriam seus principais companheiros. Começou a ensinar as pessoas sobre amor, perdão e compaixão. Também teria realizado milagres. Ficou conhecido como "Cristo", um termo que significa "messias", e seus seguidores passaram a ser chamados de cristãos. Ameaçados pela propagação das ideias de Cristo, os clérigos judeus pressionaram a administração romana para que ele fosse crucificado. O posto do papa, inicialmente o chefe de toda a Igreja Cristã e, depois, exclusivamente da Igreja Católica, teria surgido com São Pedro, o líder dos apóstolos.

Mosaico de Jesus Cristo no museu da Santa Sofia, Turquia, século XIII.

O livro mais importante do cristianismo é a Bíblia, composta pelo Antigo e Novo Testamento. Os quatro evangelhos do Novo Testamento (Mateus, Marcos, Lucas e João) registram a vida e os ensinamentos de Jesus e foram compostos em algum momento do século I. Eles trazem o Sermão da Montanha, uma mensagem de amor e perdão, a qual é a essência dos ensinamentos de Jesus. Em aproximadamente 380 EC, o cristianismo se transformou na religião do Império Romano e, nessa época, também chegou ao norte da África, Armênia, Pérsia, Índia e em algumas outras áreas.

Evolução do Judaísmo

Judá, a sul de Israel, foi ocupada pelos romanos em 63 AEC. Em 70 EC, o Templo Judeu foi destruído pelos romanos e muitos judeus abandonaram sua terra natal e se instalaram em diversas regiões do mundo.

No século I EC, os escribas judaicos dividiram-se em dois campos, seguindo as ideias dos pensadores Shamai ou Hilel. Ao final do século, o patriarca Gamaliel II unificou a comunidade e permitiu uma interpretação leniente da lei judaica. O calendário judeu foi padronizado. Em 136 EC, a resistência judaica aos romanos havia entrado em colapso e, guiados pelos rabinos, eles começaram a desenvolver sua escritura, que incluía a Mishná, que falava sobre várias leis judaicas, e o Talmude, com comentários e elaborações sobre a Mishná. Depois de o cristianismo se tornar a religião oficial do Império Romano, os judeus mantiveram a liberdade de adoração, mas sofreram algumas limitações - por exemplo, foram proibidos de coletar impostos de outros judeus ou de construir sinagogas. O posto do patriarca judeu foi abolido por volta do ano 425.

Budismo Maaiana

Uma nova forma de budismo, o maaiana, surgiu na Índia, abrindo espaço para a adoração de imagens e de divindades budistas, em conjunto com o conceito de *bodisatva*, um ser que professa ajudar a todos e compromete-se com o sofrimento alheio. Todo aquele que segue o caminho maaiana é reconhecido como um *bodisatva*.

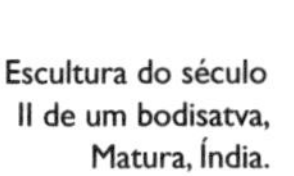

Escultura do século II de um bodisatva, Matura, Índia.

Hinduísmo

A religião hindu, prevalente sobretudo na Índia, desenvolveu-se ao longo do tempo e é composta tanto pela alta filosofia quanto por práticas populares. Ela não tem um único fundador ou cânone. Entre suas características, estão a crença em divindades que representam aspectos de um ser supremo. Ela também inclui os conceitos de *dharma* (ou ação correta), carma (ou ação e seus resultados), reencarnação e divisão da sociedade em castas de acordo com nascimento e ocupação.

A forma de hinduísmo que se desenvolveu entre 1 e 500 EC era similar à praticada hoje em dia: imagens, templos e adoração a importantes divindades como Vishnu e

Vishnu, uma das divindades proeminentes da religião hindu.

suas encarnações, Lakshmi, Shiva, Parvati, Ganesha e Kartikeya. Seus mitos e histórias foram consolidados nos *Puranas*, séries de textos religiosos compostos em sânscrito. Outros textos, incluindo o *Dharma Shastras* (ou "grande livro das leis"), foram escritos, descrevendo e explicando leis e práticas comuns. Ao mesmo tempo, a filosofia continuou em desenvolvimento.

DESENVOLVIMENTOS CULTURAIS

500 - 800 Ásia, Américas

Dinastias Indianas

Reinos surgiam e caíam. O Império Gupta entrou em decadência após os ataques dos hunos, ao passo que Harsha (r. 606 - 47), da dinastia Pushyabhuti, manteve o controle sobre a maior parte do norte da Índia. No sul, Chalukia, Pandia e Pallava estavam entre as dinastias mais poderosas. O grande centro de estudos budistas de Nalanda floresceu nessa época, com seus 10 mil monges afiliados.

Ruínas de Nalanda.

Sui e Tang

Embora a dinastia Sui tenha governado por um período breve (581 - 618), ela é lembrada por ter dado início ao Grande Canal, o maior do mundo, e por reconstruir a Grande Muralha. A dinastia subsequente, a Tang (618 - 907), viu um aumento nos centros urbanos e comerciais, em conjunto com desenvolvimentos culturais na literatura e na arte. A xilografia foi criada e textos médicos foram compilados.

XUANZANG, O PEREGRINO CHINÊS

Incapaz de conseguir uma permissão para viajar, esse intrépido estudioso budista deixou a China em segredo, em 629, e andou por um ano pelas altas montanhas até chegar à Índia. Ali, passou mais de treze anos viajando e registrando tudo o que via, em especial assuntos relacionados ao budismo. Retornou à China por volta de 643 – 644 levando sobre o lombo de mulas centenas de textos sagrados do budismo.

Crescimento do Budismo no Japão

A imperatriz Suiko (r. 593 - 628) transformou o vale Asuka, na província de Yamato, em sua capital. Seu sobrinho e regente, o príncipe Shotuku, reformou a administração e criou a primeira constituição japonesa, composta por 17 princípios de bom governo. Também promoveu o budismo por todo o país, criando um complexo de templos com 41 construções em Horyu-ji, sudoeste de Nara, que se tornou a capital em 710.

Américas: Culturas Hohokam e Huari

Entre as várias culturas nativas da América do Norte, a hohokam prosperou entre 300 AEC e 1,4 mil EC no centro e no sul do Arizona. Entre 500 e 900 EC, eles habitavam vilas com cabanas e canais profundos de irrigação para o plantio de milho e algodão. Além disso, contavam com diversos tipos de cerâmica.

A América do Sul tinha várias civilizações, entre as quais estavam as culturas moche e nasca, assim como huari e tiwanaku. Os huari, nas terras do que atualmente é o Peru, alcançaram o apogeu entre 600 e 1 mil, com um espaço urbano que provavelmente foi o centro do império. Grandes estruturas de pedra, templos com esculturas naturalistas e artefatos de metal, incluindo máscaras de ouro, foram encontrados no local. O *Doorway God*, uma figura com rosto retangular e uma espécie de cocar de raios, é com frequência retratado na cerâmica dessa população. Os estilos artísticos huari se parecem muito com a arte dos tiwanaku, que habitaram as proximidades do lago Titicaca, na Bolívia, e influenciaram a cultura nasca.

Portão de Tegai no templo budista Todai-ji, Nara, Japão.

AS LINHAS DE NASCA

A civilização nasca, do Peru (200 – 700), desenhou misteriosas linhas no deserto de Nasca, criando desenhos gigantes de pássaros, plantas, lagartos e figuras geométricas, algumas das quais chegam a alcançar 120 metros de extensão.

Linhas de Nasca, deserto do Peru.

Formadas pela remoção das pedras superficiais, de modo a revelar uma camada mais leve existente abaixo, o propósito das linhas ainda resta incompreendido. Embora alguns as vejam como ponto de pouso de extraterrestres, antropólogos acreditam que elas estejam ligadas a antigos rituais ligados à água e que possam marcar aquíferos subterrâneos.

CONQUISTAS E INVASÕES

500 – 800 Europa, Oriente Médio, África

Os Merovíngios e os Carolíngios

Depois do declínio do Império Romano do Ocidente, novos governantes e reinos surgiram na região. O rei dos francos Clóvis I, da dinastia Merovíngia, governou a Gália até 511. Porém, após sua morte, o Império foi dividido entre seus quatro filhos e, posteriormente, entre os filhos deles, o que começou a causar guerras frequentes. Monges e missionários levaram o cristianismo aos francos na época dos merovíngios.

Em seguida vieram os carolíngios, que oficialmente tomaram o poder sob Pepino em 751. Seu maior rei era Carlos Magno, que governou entre 768 e 814. Ele uniu grande parte da Europa ocidental e foi transformado em sacro-imperador Romano pelo papa Leão III em 800. (A fundação do

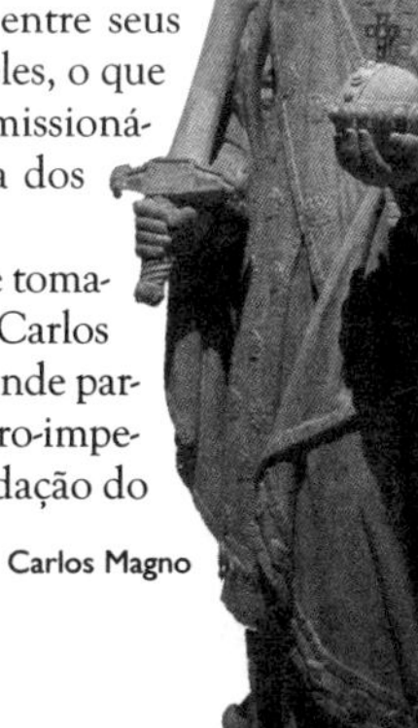

Carlos Magno

Sacro-Império Romano teria se dado sob o rei Oto II em 962.) O título se baseava no conceito de um império cristão que reviveria a glória do Império Romano do Ocidente, assim como estabeleceria a soberania papal na Itália. O império de Carlos Magno incluía França, norte da Itália e partes da Espanha e da Dinamarca. O florescimento da literatura, da educação, da arte e da arquitetura durante seu reinado e no período subsequente é chamado de Renascença Carolíngia.

A IDADE MÉDIA

Tendo iniciado no século V e se estendendo até a Renascença, a Idade Média na Europa viu o declínio da cultura avançada do Império Romano do Ocidente. Os desenvolvimentos políticos e econômicos foram, em grande parte, locais, embora algumas áreas tenham presenciado um desenvolvimento limitado nas sociedades feudais, que pouco a pouco se transformaram no dinamismo da Renascença.

Caixão de ouro e prata de Carlos Magno.

Os Anglo-Saxões na Inglaterra

Numerosas invasões e guerras internas foram uma característica desse período. Por volta de 600, os anglos e os saxões da Alemanha haviam ocupado a maior parte da Inglaterra. De acordo com uma fonte do século XII, existiam sete reinos distintos: Kent, Sussex, Wessex, Mércia, Anglia Oriental, Essex e Nortúmbria. Porém, a pesquisa mostra que eles surgiram em momentos diferentes e não tinham poderes iguais. Além disso, existiam também outros reinos. Os reis e governantes anglo-saxões eram às vezes enterrados em barcos presos à terra. Esses barcos funerários, como Sutton Hoo, eram preenchidos com ornamentos elaborados e outros bens. A arte religiosa floresceu – um belo exemplo são os Evangelhos de Lindisfarne, do século VIII, ilustrados, encadernados em couro e decorados com joias e metais.

Parte dos Evangelhos de Lindisfarne.

Justiniano I e o Império Bizantino

Nessa época, o Império Romano do Oriente (ou Bizantino) prosperou a partir de Constantinopla, com uma ampla rede de comércio. Sob Justiniano I (r. 527 - 565), expandiu-se e passou a incluir partes da Espanha e da Itália, os Bálcãs, a Ásia Menor e a Palestina, além do Egito e de outras áreas da África Setentrional. Justiniano é lembrado por seus códigos de lei e a grande Basílica de Santa Sofia (Igreja da Sagrada Sabedoria), construída durante seu reinado.

O IMPÉRIO DO GANA

Um dos numerosos reinos da África era o Império do Gana, a sul do Saara (distante do que hoje é o país Gana). Bem estabelecido durante o século VIII, por volta de 700 era governado pelo povo soninquês e tinha sua capital em Koumbi Saleh, um importante centro de comércio. O Império foi inicialmente batizado de Wagadou ou Aoukar, mas passou a ser chamado de Gana porque esse era um dos títulos do rei. O ouro era o produto mais valioso desse estado rico e poderoso.

500 - 800 Europa, Oriente Médio, Ásia

O Avanço do Cristianismo

No século VI, o cristianismo chegou ao País de Gales e à Escócia. Ao longo dos dois séculos seguintes, espalhou-se pela Inglaterra. O papa Gregório, o Grande (590 - 604) reformou a estrutura e a administração da Igreja. Entre os anos de 500 e 800, três conselhos cristãos foram realizados, durante os quais os bispos tomaram decisões sobre assuntos ligados à doutrina e prática cristãs.

PADMASAMBHAVA

Acredita-se que as ideias budistas tenham se espalhado pelo Tibete por volta do século II, mas teriam ganhado proeminência a partir dos séculos VII e VIII, especialmente por intermédio dos esforços do monge budista Padmasambhava. Por meio de seus ensinamentos, debates e apresentações, Padmasambhava convencia as pessoas de Bön da "superioridade" do budismo. Várias escolas de budismo tibetano viriam a se desenvolver posteriormente, algumas delas inclusive incorporando divindades.

Padmasambhava, imagem típica do budismo tibetano.

Desenvolvimento do Budismo

O budismo se tornou a religião estatal do Japão em 594. Novas escolas surgiram tanto na China quanto no Japão. Na Índia, o budismo maaiana, surgido por volta do século I AEC, entrou em declínio entre os séculos VII e VIII, e o vajrayana, uma nova forma, ganhou proeminência. O vajrayana incorporava vários aspectos do Maaiana, como a adoração às divindades budistas e elementos do tantra, uma filosofia religiosa hindu. O budismo ganhou força no Tibete e, com os esforços do monge Padmasambhava (*aprox.* século VIII), a forma vajrayana foi estabelecida na região.

Surgimento do Islã

Muhammad (Maomé), o fundador do Islã, nasceu em Meca (hoje conhecida como Arábia Saudita) em 570. Em 610, começou a difundir as mensagens que recebia de Deus por meio do anjo Jibril (Gabriel), mas, após enfrentar hostilidade em Meca, partiu para Medina em 622. Essa partida, conhecida como Hégira, marca o início da Era Islâmica.

A influência de Muhammad se espalhou, e ele voltou para Meca em 630, criando o Caaba como o centro de peregrinação islâmica. Esse santuário em forma de cubo continha vários ídolos pagãos, os quais foram destruídos por Muhammad para promover a adoração de um único deus, Alá. Quando de sua morte, em 632, a maior parte da Arábia foi unificada pelo Islã.

SUNITAS E XIITAS

Depois da morte de Muhammad, alguns de seus seguidores elegeram Abu Bakr – um discípulo fiel e pai de Aisha, uma das esposas favoritas de Muhammad – como califa. Esse grupo posteriormente passou a ser conhecido por "sunitas" ("povo de costumes e comunidade"). Outros sentiam que Muhammad queria que Ali, seu primo e genro, fosse seu sucessor. Eles passaram a ser chamados de "shiitas" ("partidários") de Ali.

BATALHA DE KARBALA

Em 661, Hasan, filho de Ali, foi escolhido como seu sucessor, mas se deparou com a oposição de Muawiya, governador da Síria, que fundou o Califado Omíada. A sucessão do filho de Muawiya, Yazid, contrariou Husain, irmão de Hasan, o que levou à Batalha de Karbala, no Iraque, em 680. No evento, Husain foi morto e seus seguidores, derrotados pelas forças de Yazid.

Os Califas

Sucessores espirituais de Muhammad, os califas (*khalif*, em árabe) também tiveram poder político no Império Árabe. Os primeiros califas foram:

632 - 634 Abu Bakr
634 - 644 Umar al-Khattab
644 - 656 Usman
656 - 661 Ali
661 - 750 Omíada
750 - 1258 Abássidas

O Alcorão

A Palavra de Deus conforme transmitida por Muhammad toma forma no Alcorão, o texto sagrado do Islã. Composto por 113 suras (ou capítulos), o Alcorão define a natureza de Deus e explica crenças, obrigações religiosas e o jeito certo de agir.

CONTINUIDADE E MUDANÇA

800 - 1000 ORIENTE MÉDIO, ÁSIA

Governo dos Califas

Na Ásia, os califas árabes Abássida derrubaram os omíadas e mudaram a capital para Bagdá. Porém, a autoridade política e religiosa dos califas começou a entrar em declínio depois de 850. O período entre 800 e 1000 ficou conhecido pelo desenvolvimento das ciências, tecnologia, medicina, filosofia, educação e cultura. Entre os califas, Haroun al-Rashid (r. 786 - 809) encorajou as artes, a cultura e a academia. Uma bela narrativa sobre a vida em sua corte é a obra *As mil e uma noites*. Outro califa notável foi o filho de Haroun, Al-Mamun (813 - 833), que criou a biblioteca Baitul Hikmah, ou Casa da Sabedoria. Ali, a literatura de várias partes do mundo era traduzida para o árabe.

O mundo árabe era conhecido como uma grande mistura de culturas e ideias. Filósofos como Al-Kindi, Al-Farabi e Ibn Sina combinaram o pensamento islâ-

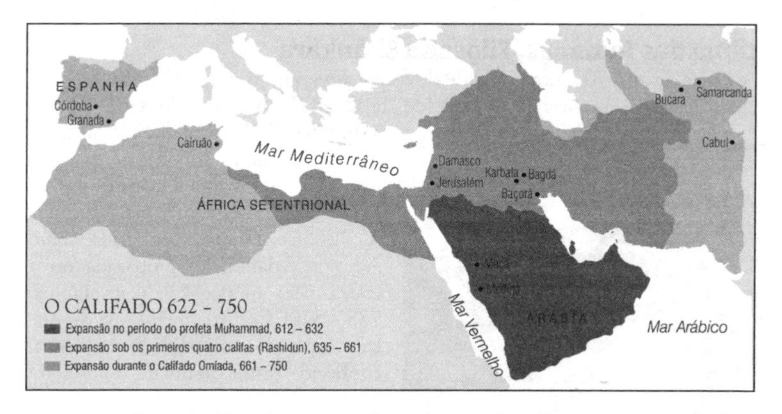

mico com ideias da filosofia grega. Ademais, os árabes disseminaram a álgebra, os algarismos arábicos e o conhecimento de outras partes do mundo (como a produção de papel e a pólvora, criados na China).

Politicamente, todavia, outras dinastias começaram a se afirmar. Um grupo dos primeiros omíadas governou de maneira independente na Espanha. Córdoba, na Espanha, foi um grande centro de aprendizado e cultura e, durante o século X, foi a maior cidade da Europa. Irã, Afeganistão e África Setentrional foram outras áreas das quais os Abássidas pouco a pouco perderam o controle.

Tangs para Sungs

Na China, os Tangs viram sua autoridade diminuir com a chegada dos governadores militares regionais. Em 907, a dinastia foi derrubada e um período de agitação teve início, estendendo-se até o estabelecimento da dinastia Sung, em 960.

Os Regentes Fujiwara

A capital japonesa mudou para Heian-kyo (Kyoto) em 794, início do período Heian. Membros do clã Fujiwara começaram a dominar o governo, agindo como regentes em nome do imperador. Houve um grande florescimento da arte e da cultura. A pintura japonesa, diferente dos estilos anteriores, influenciados pela arte chinesa, mostrava a vida na corte e histórias dos deuses. A arte budista japonesa foi fortemente influenciada pela escola Shingon, mostrando mandalas e diagramas cósmicos. Dois tipos de escrita japonesas foram desenvolvidos.

OS SUFIS

Com sua origem em um círculo de pessoas próximas ao profeta Muhammad, os sufis são uma seita islâmica exotérica. Com o passar do tempo, muitas escolas sufis distintas se desenvolveram. Meditação, ascetismo, devoção, repetição da palavra de Deus, música e técnicas específicas de respiração são usadas pelos sufis para entrar em contato com o "deus interno".

Rabia al-Adawiyya, a primeira sufi santificada.

Dinastias Indianas, Filosofia Shânkara

A partir do ano 700, uma série de dinastias surgiram no norte da Índia, as quais chamavam a si mesmas de Rajputs (de "raja putra", ou "filhos de reis"). No sul, a dinastia Chola tornou-se a mais proeminente. Tanto no sul quanto no norte, grandes templos foram construídos. A maior e possivelmente mais influente filosofia indiana, conhecida como Advaita Vedanta, foi propagada nessa época pelo monge Shânkara (aprox. 788 - 820). Essencialmente, ela diz que existe apenas uma realidade verdadeira, conhecida como Brahman, o absoluto: incriado, imutável e eterno.

Templo Chola em Puducotai, Tamil Nadu, Índia.

CONTINUIDADE E MUDANÇA

800 - 1000 EUROPA

Após a morte de Luís, o Piedoso, filho de Carlos Magno, em 840, o Império Carolíngio, na Europa ocidental, entrou em declínio e começou a se desintegrar. O Império Bizantino seguia prosperando e alcançou o apogeu sob Basílio II (963 - 1025).

Os Vikings

Nessa época, grande parte da Europa era afetada por invasões vikings. Também conhecidos como povos nórdicos, os vikings eram guerreiros da Escandinávia que atravessavam os mares em suas caravelas, invadindo e criando centros de comércio. Na Inglaterra, eles começaram a pilhar cidades costeiras e se instalar em algumas áreas no final do século VIII. Instalaram-se na Islândia por volta de 900 e, em seguida, colonizaram a Groenlândia. Também criaram colônias na Irlanda e na Normandia, chegando a alcançar até mesmo a Rússia. As invasões vikings cessaram ao final do século XI.

Uma caravela viking.

Invasões Magiares

Outros povos europeus que realizaram invasões nesse período foram os magiares, da Romênia e Hungria. Eles entraram na Alemanha, norte da Itália e França, mas foram derrotados por Oto, rei da Alemanha, na Batalha de Lechfeld.

Thor e Hymir num manuscrito islandês do século XVIII.

DEUSES E LITERATURA NÓRDICOS

Thor, o deus das tempestades, e Odin, um mago e deus guerreiro, estavam entre as principais divindades nórdicas. Mesmo tendo surgido muito antes, essa mitologia ainda se fazia presente na época dos vikings, embora a maioria dos relatos tenha sido escrita posteriormente. Os mitos e lendas nórdicos foram escritos na Islândia e na Escandinávia, em trabalhos conhecidos como "sagas". As duas principais são conhecidas como *Eddas*. Snorri Sturluson (1172 – 1241), da Islândia, compilou a *Edda em prosa* ou *Edda Jovem*, composta por um prólogo e três partes. As duas primeiras apresentam instruções sobre princípios usados no passado na poesia, de modo que os poemas de tradição oral pudessem ser entendidos. A terceira parte inclui uma série de mitos nórdicos. A *Edda em Verso* (ou *Edda Poética*) está contida em um manuscrito do século XIII, mas apresenta uma coleção de poemas de heróis e deuses compostos entre 800 e 1,1 mil.

Rus' de Kiev

O nome "Rússia" deriva de "Rus", um povo que, para alguns pesquisadores, eram vikings, mas, para outros, eram eslavos. As tribos eslavas ocuparam o oeste da Rússia desde o século VII aproximadamente, mas os vikings chegaram à região como comerciantes. De acordo com a *Crônica de Nestor*, um relato do século XII, um viking chamado Rurik se tornou o governante eleito de Novgorod por volta do ano de 860. Seus sucessores expandiram o território para Kiev, e Rus' de Kiev tornou-se um estado grande e próspero nos séculos X e XI. Uma opinião diferente diz que Rus' de Kiev era um estado eslavo, ocupado brevemente apenas por vikings que posteriormente teriam sido absorvidos pelos eslavos. Vladimir, o Grande (980 - 1015) adotou o cristianismo bizantino, e o estilo artístico bizantino influenciou a Rússia.

Pintura mostra o batismo de Vladimir I, *aprox.* 1890.

Alfredo, o Grande.

Inglaterra, Escócia e Gales

A Inglaterra começou a se unir sob Etelstano, rei de Wessex (r. 925 - 939), o primeiro a governar toda a Inglaterra após conquistar o controle da Nortúmbria em 927. Na Escócia, os pictos, scots, bretões e anglos eram os quatro principais grupos e, em 843, o scot Kenneth MacAlpin conquistou as terras dos pictos, criando um reino conhecido como Alba. Em 940, Malcolm I de Alba expandiu o território e, ao longo dos dois séculos seguintes, toda a Escócia se uniu. Enquanto isso, Rhodri Mawr (morto em 878), príncipe de Gwynned, derrotou os vikings e os ingleses e tornou-se rei da maior parte de Gales.

800 - 1000 África, Oriente Médio, Américas

O Califado Perde Controle

Mesquita de al-Azhar, Cairo, E

Partes da África Setentrional permaneceram sob o controle do Califado Abássida, ao passo que outras áreas conquistaram sua independência. A Sicília foi conquistada durante os tempos do emir Ziadete Alá I (817 - 838). Kairouan (Al-Qayrawan), a capital do Emirado Aglábida, prosperou no século IX. Sua grande mesquita, construída inicialmente no século VII, foi reconstruída nessa época e existe até hoje.

No norte da Argélia, o estado rustamida, conhecido por sua educação e sua tolerância religiosa, foi independente entre 761 e 909. Outros estados independentes foram o Principado de Banu Midrar e o estado Idríssida, no sul e norte do Marrocos, respectivamente. Uma nova dinastia xiita islâmica, os Fatímidas, surgiu sob Abaidullah em 909 EC e anexou Ifríquia e outros estados da região. A dinastia Fatímida alcançou seu apogeu sob Al-Muizz (r. 953 - 975), que conquistou o Egito, a Palestina e parte da Síria e fundou a cidade de Al-Qahirah (Cairo). A grande Mesquita de al-Azhar, assim como a Universidade de al-Azhar, foram construídas no Cairo. O poder dos Fatímidas começou a entrar em decadência depois de 1,1 mil. No oeste da África, Gana continuou próspera. Vários outros estados continuaram existindo pelo continente.

Os Anasazi

Vários grupos viviam em assentamentos pela América do Norte, incluindo aqueles que posteriormente seriam conhecidos como pueblos. Os primeiros pueblos, por vezes chamados de anasazi, teriam surgido por volta do ano 100, mas sua sociedade começou a crescer no ano 700, aproximadamente. Suas casas tinham cômodos subterrâneos circulares, provavelmente usados para cerimônias.

A cerâmica anasazi apresentava imagens pintadas em preto sobre fundo branco ou cinza; petróglifos e pictogramas eram outras formas artísticas. Depois de 1050, os anasazi construíram casas extraordinárias de pedra e tijolos moldados na lateral de paredes de rochedos.

Um vaso anasazi.

Os Toltecas

A civilização maia começou a entrar em declínio por volta do século X, e a maioria de seus complexos de templos foi abandonada. Porém, na Península do Yucatán, cidades como Chichén Itzá, Uxmal, Ednzá e Cobá ainda prosperavam. Um novo povo, os toltecas, falantes do nahuatl, surgiu. Provavelmente uma aglomeração de vários grupos étnicos diferentes migraram para o norte do México e alcançaram o centro do país por volta de 900 (ou até mesmo antes). Com sua capital na Tula moderna, eles provavelmente ocuparam alguns centros da civilização maia.

De acordo com histórias tradicionais, os toltecas, sob a liderança de Mixcóatl, saquearam e incendiaram Teotihuacan. Topiltzin, seu filho, formou um império unindo um grupo de Estado e estabelecendo o culto a Quetzalcóatl. Com habilidades ligadas à medicina, astronomia e trabalhos manuais, os toltecas construíram grandes estátuas, pórticos monumentais, colunas serpentinas e imagens do Chac Mool reclinado.

A Compacta História do Mundo – Volume I

Em três volumes, a coleção *A Compacta História do Mundo* viaja por milênios para traçar a cronologia da humanidade. O primeiro volume trata das primeiras civilizações; as conquistas e invasões dos anos 500 a 1000; os primeiros hominídeos; as divisões da Idade da Pedra; as primeiras comunidades humanas; aspectos da cultura e arte nos continentes; perfis de figuras proeminentes, como Alexandre, O Grande, e o imperador Asoka, que abandonou a guerra para se dedicar ao budismo na Índia. Outros temas: descrições de mitos, práticas espirituais e conceitos culturais; conquistas e invasões na África, Oriente Médio e Américas; perspectivas críticas que visam despertar a curiosidade do leitor em busca do aprofundamento em cada aspecto histórico.

COL. A COMPACTA HISTÓRIA DO MUNDO – VOL. 01
1202943

País de origem: Brasil Fornecedor/CNPJ: 07.680.904/0002-35	
Marca: Universo dos Livros	Modelo: Col. A compacta história do mundo – vol. 1
Tamanho: 13,5 x 20,5 cm	
Lote: UDL LA7	
Conteúdo: 1 livro	
Inclui: 32 páginas	

UNIVERSO DOS LIVROS

ISBN 978-85-503-0164-8
9 788550 301648

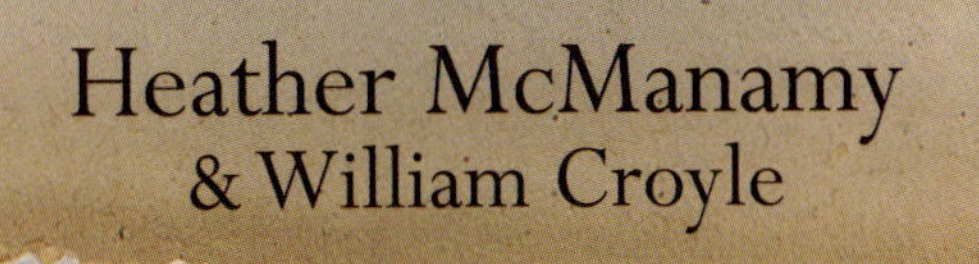

Heather McManamy
& William Croyle

Para depois que eu partir

A emocionante história real de uma mãe com câncer terminal e as mensagens que deixou para a filha que não verá crescer

UNIVERSO DOS LIVROS